길 위에 자국

길 위에 자국
박루미

2025년 10월 15일 초판 1쇄 발행

지 은 이 박루미
발 행 인 조동욱
편 집 인 조기수
펴 낸 곳 출판회사 헥사곤 Hexagon Publishing Co.
등   록 제2018-000011호 (등록일: 2010. 7. 13)
주   소 경기도 성남시 분당구 성남대로 51, 270
전   화 070-7743-8000
이 메 일 joy@hexagonbook.com
도서주문 order@hexagonbook.com
웹사이트 www.hexagonbook.com

ISBN 979-11-92756-76-9   03810

박루미 시집

길 위에 자국

HEXAGON

1. 잊혀지는 말

2. 봄그늘 지는

3. 불씨

4, 대부도, 해남에서

1
잊혀지는 말

김포 사우동 네거리

비가 내린다 했으나 무겁게 누르는 하늘이
시청쪽 거리를 지나는 사람들 머리 위에 얹쳐져 있다
11월도 다 가는 한 길 네거리
건널목 참 쭈구리고 앉은 할머니 앞에
늙은 노란호박 자른 것하고 늦가실 퍼런 상추뭉치
몇 개가 놓여 있다
신호등이 켜지고 무심히 지나는 사람들에 끼어
길을 건넌다

안과병원에 들러 집에 오는 길
건널목 건너다 잠시 쳐다본 자른 호박과 상추가
마음 한켠에 얹쳐진다
그 늙은 호박이랑 늦상추는 어느 밭에 있었을까
집마당 한쪽이나 뒤꼍, 어데 허술한땅 한켠이었을까
할머니가 집 안팎을 자박자박 드나며
물주러 다니는 발걸음도 생각나고

겨울로 들어서려는 여린 햇살이 차안에 비쳐든다

흔들림

서로의 젊음이 들어앉은 날들이
어느 결에 스럭거리며 자꾸 멀어가고
아지 못한 날들이
기억을 조금씩 지워가고
흔들림만이 희미해지는 흔들림이
옛 일들 잡고
빈 방에 서글픔을 쌓고
그 날에 햇살
여린 웃음 남아

돌아서는 날에
하늘은 아름다운 노을을 만든다

잊혀지는 말

하루 꿈을 꾼다
먼저 가신 할머니
오래 보지 못한 친구들을 본다
바람이 분다
바람 속에서 옛 내를 맡고
그 때와 이 때

바느질 하다가 어머니가 하시는 말을 듣는다
음식을 만들다가도 어머니가 무어라 하시는 말을 듣는다
-허쳐 놓아라, 다독다독해라, 물커진다, 한굿지게 놔라
나도 모르게 그 소리를 되뇌이며 일을 한다
가만히 있을 때
간간히 들은 그 말들을 되색인다
어머니는 아직도 내 곁을 왔다갔다 하신다

잊혀지는 말들
하루를 지나며
어머니가 무어라 하시는 말들을 듣는다
여전히
이제야 차분히 잘 듣는다

낮

어둠이 하늘을 덮고
밤이
밤 얼굴로

산 들 집, 어둠이 묻어
푸르스름한 하늘 끝터리
겨울 저수지 곁길 따라 점점이 켜지는
불, 불빛
하늘 별들 마주해
숨어든 오랜 기억
스미어

낮은
밤에 마음을 바꾸어 앉는다

길 위에 자국

누상동 골목길에 사는 이상
부암동 언덕배기길에 사는 윤동주
오가는 사람들 사이에
그들이 산다
백년 세월이 지나간 길
가까이
자국들
얼룩진 사이 틈새
귀퉁이에 멍들이
푸르기도 하고, 꺼멓기도

그 날 그 자국들 밟고 뒤돌아보며
걸어가는
삼월 거리는 어둡다
친구와 걷는 그 길에서
오늘도 만난
오랜 사람
땅에
그들 발자국

명상

겨울로 들어서가는
심도학사 오르는 길에 시드는 붉은 장미
내음새가 가늘다
집 아래에는 아직 가녀린 꽃이 피어 있어
잠들지 않은 벌들이 그 위를 난다

명상 시간
눈감고 가만히 앉아 생각한다
나는 누구인가
어느 겨울 앞둔, 마른잎들이 땅위에 구르는 가을
내게서 툭 떨어져 어디로 떠나갈 것인가
이제껏 살아온 날
모아둔 사진 보듯 지나고
조용
무념

눈감고
더 나아가지 못하고 여기서 멈춘다

지금

지금은 몰래 숨어있다
팔월 무더위 속에 잠자코 있다
어제처럼도 여겨지고
내일 같기도 한
지금
나는 늘 그 안에 있어
땀에 젖어 간신히 숨만 쉬고
지는 해를 곁눈질 한다
땅에도 풀에도 땀이 흘러

바람이 지난다
한더위 적막을 깬다
숨 죽이고
그 안에 잘 앉아있지 못한다
바람이 지금을 흔든다

한낮 무더위에 가만히 있는
지금이
슬쩍이 뵌다

그 뒷날

어느 날 두 눈을 감고
땅속으로 들어간 날
끝이 나고 사라져버리는 무시무시한
그 날
그 날 뒤로도
지구 위에는 해가 뜨고 달이 떠오르고
집 창밖에는 봄이 와서 앵두꽃이 피고
사람들은 꽃 나들이를 간다
지구 위 냄새들을 행복하게 맡는다

아무렇지도 않은 날들이 끊임없이 흘러간다
그리 특별하지 않은 날이 이어질 뿐
다 아는 그런 날들
땅 속에서도 그리 꿈을 꾸면
봄이 가고 여름이 오고 가을 겨울이 온다
남은이들 가슴에 남아서 같이 꿈을 꾼다
무시무시한 꿈일지
따스한 꿈일지

그리움

그리움은

길가 마른풀더미 속
둔덕에 핀
연보라빛
자주달개비 안

가던 길 멈춰선
길바닥
옅어진 햇살 속

그리움은

마주하고
눈 맞추다
돌아서 간
사람
뒷자락
거기

삼월 흙바람

이백오십년 전
홍대용이 북경으로 들며
그 길참에서 마주하던 흙바람이
소리를 낸다
땅덩이 위 먼지 일으며

낮이 밤이 되고
얼었던 땅에 바람이 일어
땅 속 씨앗들이
싹을 내미는데
그 때에 만난 항주 선비들 이야기
이 봄에도 전해져

모두 한 세월
그 길 위에 불던 티끌들
지금도 불어와
옛 삼월이 지금 삼월과 같으니
다 한가지 날들인가

점자길

앞을 보고 가는 사람
앞이 안 보이는 사람
같이 길을 걷는다
바닥에는 노란 튀어나온 안내길이 있고
그 줄 따라
말없이 길을 두드려 보며 가는 사람이 있다

뵈는 세상과
안 뵈는 세상이
같이 걸음을 옮긴다

도드라진 길 곁
평평한 길바닥 위로도
서로 엇갈리는 여러 갈래
자국들이
어지럽다

그날 밤 안

안과 병원으로 간 남자의 발걸음도
따라간 마음도
같이 간 여자의 발걸음도
어둔 밤 안으로
오늘이 어제로 박제가 된다
병원 가는 길에서 만난 친구의
시 한편도
파란 하늘 한쪽을 베어낸다는…
친구도 그날 밤 안으로

이승을 떠난 사람들이 꿈 속을 드나든다
오래 만나지 못한 이들이 들어 온다

새벽이 다가오는
어둠 끝머리에 깨어
꿈을 더듬는다
어제는 어제로 밀어넣어졌는데
감은 눈 안에 아직
차분히 앉아 있는 것들이 있다

누굴까

날이 따사하고 깨끗해서 뒷산에 올랐다
좁다란 산등성이를 돌아
바위 많은 길을 밟고 조심스레 내려오는데
자그만 바윗돌 위에 돌탑이 놓여 있다
작은 돌 하나를 주워
그 위에 가만히 올려 놓는다
조심스레 쌓아진 돌들
어느 손길이 닿았을까

어느 날 헌책방에서 책을 한 둘 골라 사오는데
그 안에 무어라 적어둔 쪽지가 끼어 있다
누굴까
앞장이나 뒷장에
날짜나 이름 같은 게 있기도 하고
읽다보면 줄친 구절이 있고 곁에
작은 글씨도 있어서
누구일까 궁금하다

어느 때 빵집에 들어가 앉았는데 탁자에
차를 흘린 자욱, 빵부스러기 같은 것이
남아 있는 걸 볼 때가 있다
그럴 때도 문득 앞에 다녀간 사람이
어떤 사람이지-

잠깐 생각하게 한다
오며 가며 흘려 놓은 그 뒤에 자리들을
넌지시 쳐다보게 된다

날

하루하루 나날
사는 날

지금은 밤, 한밤중
봄으로 가려는 어느 날
잠을 잔다
짐승도 새도
부엉이가 우는 밤
노란 달이 예쁘게 모양을 바꾸어가며
조용히 하늘에 떠 가는 밤

눈을 감고 잔다
누리 안이 어떤 데인지 뒤적여도
짜임새 맞게
나날이 주어지는

눈을 가만히 감아버리는
그 하루 날도 있다

꽃잎아 안녕

모과나무 아래
떨어진 꽃잎이 이쁘다
꽃잎 한잎 떨어져버린
꽃나무는 슬플까
아래로 하나씩 둘씩 떨구어지는
연분홍 작은꽃 바라보며
속으로
이렇게 헤어지는 거라고

비내리는 날 바람부는 날
지나 그 자리
새까만 씨 담은 커단 열매
맺을 거라고

흩트러지는
꽃잎들

모과나무 아래
오월 낮 가느단 꽃내 바닥에 깔리고

꽃잎아 안녕

두 발을 들고서

하루가 조용히 앉아 있다
잠에서 깨면
아무 소리 없는 날이 있다
뒤로 가지 않는 날
어제 해질녘 국화저수지 길을 걸었다
발을 바닥에서 한 두뺨쯤 띄워
죽 걸었다
소리가 나지 않았다
겨울 지난 나무가 가는 가지들을
가벼이 들고 있다
물오리도 몇 마리 떠 있다
물길 가에 쑥들이 많이 돋아나 있지만
모두 조용했다
많이 줄어든 내 날들을
가벼이 들고서 걷는다
둑 위에 올라
여전히 두 발을 사뿐히 들고서
봄바람이 이리저리 오간다

북산 길

고인 마음 풀고자, 걸으며
동네길 사이사이
따순 바람에 꽃들, 연한 잎 매단
나무를 보고 싶었습니다
가던 길 바닥 하수구 옆에
민들레 피어나 환하게 웃습니다
목련 나무 꽃들 송이송이 피어나고
몇 몇잎 바닥에 떨구기도 하고
봄바람 도는 북산 쪽 동네길을 걷습니다
담장 옆 연한 상추밭을 만나고
마늘밭, 파밭을 지납니다

북산에는 벚꽃이 하늘을 다 가리웠습니다
사람들이 조용히 그 사이를 걷는
꽃내가 앉은 길
그 길에
차금차금 마음을 풀어 냅니다

어제와 같은 날

살아있으나
죽어 있으나
같은 날
내가 죽었던지 살았던지
그 날

어제 떠나간 사람이
오늘
여기에 있더라도
어제 같은
그 날이

아침에 깨어나 창문을 열면
하나도 바뀌지 않은
날

어제
떠났던지
오늘 이 세상에 있던지
같은 날
그 날

사당동 저물녘

여름
저녁이면
낮 볕에 가만히 있던 것들이
하나씩 일어나 나온다
선선한 바람이
저녁길에 끼어 든다
저물녘
집집이 아릿한 냄새들이
슬슬 골목길에 깔리고
집 앞 문 여닫고
요란스레 오토바이가 지나고
꿈꾸듯
그 어느 날도 어디쯤인가 서슴서슴 드는
저녁 어스름
하루 끝머리 고단함이 몰리는
뒷길로
어둠이 먹물처럼 스미는

칠월
사당동 골목 하늘에 오늘
왼켠으로 좀 배부른 달이 떠

미세먼지

겨우내 굳굳해 보이던 나무들
볕이 한발씩 다가드니
조금씩 움직여 머리를 흩뜨린다
마구 흩어진 머리 위로
봄을 기다리는 중이다

땅 위에 낀 먼지들
저녁이 되고 밤으로 들며
자잔한 먼지 냄새
그 새로 끼어드는 시원한 밤기운을
맡아본다
차가운 밤

숨이 막힌다
나무들도, 모두가 숨 죽이고
해가 없어지고
눈앞에 산이 저 앞 저수지가 없어진다
세상이 점점 다 사라진다

나라가 매일 잔소리를 한다
'오늘 미세먼지 나쁨, 꼭 마스크 하시오'
마스크를 꺼내 입 코를 막고

뿌연 안개 속을 더듬어
그 틈바구니 봄이 왔나 찾아 본다
내일은 맑을 것인지
울에 서걱서걱 대나무 소리 들린다

2
봄그늘 지는

바람이 불어온다

바람을 맞는다
바람은 무언가를 품어 안고
온다
하늘에 하얀 구름들이
저리로저리로 움직여간다
하루 날 가듯 지난다

바람길에 지나는 여러 소리들이
속삭거린다
감나무 이파리
호박줄거리 매만지는 이
손길 넘어

눈을 감고
바람 냄새를
무릎에 고개를 파묻고
바람 소리를

두 팔을 둥글게 오무려
바람을 들인다

봄앓이

땅에 붙은 나무들
가지에 잎이 돋아
연두빛 녹빛

산이 부르르 몸 떨며
마른 가지 위로
물을 밀어 올린다

잎을 낸다
산이 몸을 뒤흔든다
여기저기 퍼렇게 나와
몸을 간지른다
두드러기가 솟는다

봄 산
잎들이 자라나
온 산이 덮이도록
견딘다
이른 봄 산 등에 온통 돋아
몽실몽실
뭉실뭉실

봄그늘 지는

내가 모르는 일들
알고 싶은
저 봄빛 안에 들어 있을 것 같다
어디쯤
보이는 사이 어디 즈음에
그 사이를 맴돌아
들리는 말

하루 생각이 봄 그늘지는
꽃나무 아래
앉아
하루를 보내고

바람에 검정 비닐 봉다리가 난다
덜 핀 꽃맹아리 같은 얼굴
까치가 찻길 가 나무에 둥지를 짓는다
뒷길 담 아래 움이 트는
나무
어설픈 봄 걸음
살짝 어깨를 움츠리는

기다림이 길바닥에 눕는다

노란 달

마당에 들어서 설렁설렁
차가운 땅
다독다독 다독여 따스하게
물이 올라
끝터리 봉우리들
봄볕에
흔들리는 잎새 아래

가만가만 내딛는 걸음
아래 떨어지는
가슴 속 조그만 얼음덩이

봄이
봄 밤이 되어
꽃내 내고 노란 달 떠 오른다

사월 십일

딸이 앞에 앉아있다
창밖에 그리 크지 않은 목련나무 한그루가
꽃을 피우고
그 곁 삼십년 전 내가 예쁘게 웃고 있고
뒤로 쌍문동집 목련나무가 보인다
세월을 지나 육십이 넘어서

딸이 마주앉아 밥을 먹는다
봄 꽃내가 작은 골목길을 도는 낮
목련나무에 들앉은 기억이
딸 말소리 뒤에 어른댄다
옥인동 뒷길 작은 프랑스식 식당 창밖에
목련꽃이 핀 작은방에서

낯선 길 사월 봄
거리로 문을 활짝 열어놓은 찻집
발아래 놓인 작은 화분에
늦은 볕이 들어온다 오래 낯익은
딸이 손주를 데리고 들어온다
손주 손에 막 구은 와플 하나를 쥐어주고
발길을 돌린다

저녁

철따라 발 디뎌
들어선
차곡차곡 걸어와
해질녘
지난 날들 끌고 들어오는
빈 마당

잔가지 태우는 매캐한 연기가 퍼진다
가늘게 멀리 소울음 소리

밤, 소리

바깥에 쫑긋 귀 기울여
무슨 소리가 나나
듣는다

달밤
달빛 감고 잠든
짐승들 숨 소리
어둠
부엉이 울음
간간 잠결 가에

비 내리는 밤
투덕투덕 말간 비
소리

멀리 손님같이
눈 오시는 밤
하얀 눈
잠자는 머리 위에
가만가만
밤

오는 봄

땅 속 풀 씨앗들
돋아나
꽃 피우는

봄이
이렇게 아름다웠을까
떠가는 구름

비 내리는 날
커피 물 내리고
집 일들 하고
사람들 시간 안에 갇히어
다시
되 오고
세상은 돌아오는 길 위에
늘 얹혀져

조용

오월의 낮은 조용
맑은 바람 나뭇잎 새 드나고
벌이 날고

소리, 못 듣는 소리, 조용
풀 속을 지나는 가느단 뱀
민들레 하얀 머리들
땅 속 꿈틀대는 애벌레
피어난 꽃 피려는 꽃

여린 봄빛이 덮은
새들 난다
하루는 늘 조용히
그대로

무더위

잠시 하늘에 구름이 끼어 어둑한 날
팔월
배롱나무 바알간 꽃 피고
달맞이꽃 키 큰 가죽나무 밑
풀 속에서 나와 달개비랑
맞대고
오늘 더위 속으로 숨죽이고

찌는 이 여름
길가 터에 심어논 무궁화꽃이
꽃을 피우고는 돌돌 말아 발아래
떨군다
방 안에 선풍기는 계속 돌고
부채를 손에서 놓지 못한다
바람은 없고
여름 더위에 납작 엎드려
숨 고르는 아침
대나무 사이 분홍 메꽃이 가만히
얼굴을 내민다

꽃은 질 때 무슨 생각을 할까

꽃은 져 가면서
무슨 생각을 할까
고은 꽃 피운 봄날을
생각 할까
살며시 속으로 푹 웃음을 짓겠지

첫 봄 하얀 나비 찾아와
눈 맞추고
따사로운 낮
윙윙대는 벌 꽃 찾아 들던
그 날 얘기

밤이슬 내리는 날
달 오르는
밤
며칠

꽃 떨구며
지나는 바람 툭 건드려
꽃내음

꽃 내 흩트린다

하늘

하늘 보면 푸른 예쁜 빛 구름 얹은, 늘 하늘
한들한들 흔들 나무 끄터리 잎에 뭔 햇살
더위 지친 이파리 앉아 긴 날 뒤적이고, 지나면
그저 먼 일 아픔 아련한 그리움 가을 빛

지루한 날

눈을 뜨면
그 날이
봄 여름 말고
가을 겨울 말고 다른 철이
아침에 창문을 열면 바깥이 다르게 바뀌어
오늘은
그리운 지난 어느 때에 있고
그 날, 밤하늘에
노란달이 둘 떠오르고
어느 날에 달이 세 개 나란히 떠오른다면
어느 밤 북두칠성이 더 가깝게 다가오고
칠월칠석날 밤이면 견우직녀가 은하수별들 위에서
떠다니는 게 보인다면
덜 지루하지 않을까
여름비 내리는 밭두덕 느리게 기어가는
지렁이가 내게 조그맣게 말을 걸고
아침에 분주히 지나는 새들이
방문을 지나며
무어라 인사를 한다면

왜 지루한가
눈을 떠 창문을 열고 바깥을 보면
어제처럼 내 집마당이 그대로 있고

해마다 봄여름가을겨울은
차례로 다녀가고
어둔 밤하늘에는 달이 하나 뜨고
여린빛으로 박혀있는 별들은 아득하다
따순 봄날 지렁이는 조용히 땅위를 기어가고
휙 스쳐지나는 새 그림자를
겨울볕 비쳐드는 창호지문에서 본다

책상 앞에 앉아 가만히
지나간 날 안 뒤적인다

11월

빼닫이에 넣어둔
지난 시간
말라가는

앞길에
갈빛으로 옅어져가는
잎사귀들이
나날이
떨어져

저들끼리 구르고
가지 흔들어
털고
비어가는 나무들
서걱거리며
부대끼는

푸근해지는 길

가을 저녁

해가 저문다
나뭇잎이
소리 없이
나무 밑둥 아래 쌓이고
바람에 불려 한 쪽으로 몰려간다
어떤 사람이
바스락 바스락 밟고 지난다
얼마전 날들
돌계단에
저리 쌓이고

희미해지는 햇살
어디론가
불어온 바람 따라가고
먼 시간 안으로
떨어져
바스락, 어떤 사람이 밟고 지난다

큰 길에 차 지나고 아이들 소리
바람이 조금씩 세어진다
청소하는 이가
떨어진 잎들을 쓸어
자루에 담는다

나무가 서서 저물녘 어둠에 든다

시월 십일월이 지나간다

1. 옷깃에 바람을 넣으며 가는 사람들에게 생기가 돈다
   옷을 하나씩 더 껴입으며, 살아가는 준비로 어떤 활기를 띄고
   나날이 옅어지는 햇살이 아쉬워 옷에 이부자리에 더 담아두고....
   그리운 사람을 기다린다

2. 지구는 참 빨리 돈다 하루 날들을 끌고 간다
   들깨가 이 가을에 꽃대가 나와 꽃이 피고 씨를 맺고
   차가워지는 공기에 하루하루 여물고
   그 쉼, 그 발걸음에 맞추어 산다
   마당 잡풀들 속에 당귀 몇 잎이
   호박은 작게 열린 채 멈추어 더 크지 못 한다
   작은 잎들 가만가만 발걸음 늦추고

3. 빼닫이에 넣어둔 바램, 기억의 비밀
   북문길에 갈빛으로 바래가는 나무 잎파리
   저들끼리 구르고, 점점 겸손해지는 나무들
   갈바람에 서걱이는, 마른 나무 부대끼는 소리 들으며
   같이 비어간다 푸근해진다

4. 도서관에서

5. 밖으로 나가고 싶다 조용한 절간으로 숲으로
   아직 다 사라지지 않은 자리에서

잠시 생각에 잠기고 싶어
지는 노을은 나를 끌어들이듯
어둠이 덮을 때 하늘가를 올려다본다

6. 자연이 기우는 걸음, 지구의 발걸음 따라
어떻게 왔을까, 얼만큼 붉어져 버렸을까
떨어질 때를 바라고 있을까

7. 늦게까지 하늘가가 바알간, 가을산 위를 따라가는 것은
아쉬운 마음
해 그림자를 밟고 물드는 나무를 본다
우는 듯이 떨구는 잎들을 본다
무심히 떨어지는, 바람에 휩쓸려가는 잎들을 본다
아직 이 지구 둥치를 밟고

8. 장날

3
불씨

나의 서가

책꽂이에 꽂혀있는 책들 들여다보면
새새 옛 사람들 책이
세월이 먼지로 조금씩 쌓아져만 가는
아지 못하는 사람들이지만
가다가 공연히 눈이 멈춰지고
옛날 허난설헌 시는 아무리 세월이
갔다 해도 그 아픔이 다가서고

오랜 시간 같이한 분들이 한 해 두 해
떠나, 책들 사이 그들 책에 눈이 가면
이런 때가 오는구나 생각을 한다
글로만 알고 이십년 삼십년......
지켜보는, 그리움이 끼게 되는 책들
그들과 시간을 밟아가면서

불씨

점점 잠잠해져가는
타다 남은 불, 잔 불꽃마저
사그라져져 앉고
바닥에 깔린 작은 불씨들이 타닥거리며
한번씩 일어나는데
옴싹달싹도 못하는
오늘은
앞마당 나무 빈 가지들을 본다

작은 불씨들 조금씩
끌어 모아
다시 불 지펴보고

옅은 햇살 연푸른 하늘만이 그득하다

여린 사월

사월 빛이 여리다
귀퉁이 추위 남아
나날이 바깥을 내어다보고
따순 볕
조금씩만
다가드는

보드란 바람결 맞으며 걷는다
봄은
하루하루 가만가만 웃고
나도 가만가만 웃고
머위잎이 커지고 가죽순이 바알가니

땅에 붙은 풀들 봄빛에
바람에
어떤 날 기다리 듯
말하듯
따스한

멧비둘기가 운다

말랐을까

말랐을까
내가 인동꽃 시들듯이 배롱나무 붉은꽃
땅에 떨구어 마르 듯 곱게 말랐을까
오래 써 온 싸리빗자루 몽둥이처럼
되었을까
마루장 쓸 때마다 마른 수수가지
끄터리들이 하나 둘씩 떨어져 나간
몽당 빗자루가
되지는 않았을까

은은한 내음이
그 옛 일들이 무릎 가까이로
곱게 조금씩 다가드는
마른 꽃잎이었으면
예쁘게 돌돌 말려 제 안을 숨기고
돌아누운 잎파리였으면
여름날 물기 머금은 바람
인
……
지금 가만히 건드려
말하자는 이
누구일까요

평형

밤잠 자고
깨어
어제 하루 마구 기울었던 것들
제자리 찾아 조용하고

기울기 멈춘다
나와 평형을 이루는
아침
어제의 번잡함 내려앉아

오늘
마음
가지런히

평형

둥근 흙무덤

내 아버지 어머니는 둥근 흙무덤 하나를 남기셨다
차례로 이 세상에서 걸어 나가셨다
나는 살다가 한번씩 그 무덤을 생각하고
찾아가 그 위를 내 몸으로 덮고 엎드린다
두 분을 감싸 안는다
그리고 돌아와서 내 자식들을
두 팔로 감싸 안는다
곁에 있는 남편을
동생들을
감싸 안는다
우리나라 땅을 감싸 안고 싶어 한다
내가 사는 남녘도 외할머니 고향인 북녘도 크게
두 팔로 꼭 안고 싶어 한다
그리고 그 위에 눕고 싶다
가만히

남겨둔 것은

약국에 다녀가는 사람들은
저마다의 냄새를 조금씩 흘리고 갑니다

홀할머니 앉아 있다 간 자리에
엷게 외로운내 남고
남편일로 눈물 그렁이던 아주머니
나간 뒷자리에 긴 한숨이
낮이 되어 횟집사내는 바다 물내 끌고와서는
꽝 문닫고 나가며
비릿한 그날을 흘려놓습니다
소치는 아저씨 스적대는 긴 장화발에서
소똥내 미적미적 뒤로 남고
들일하다 온 애기엄마는
땀젖은 얼굴에 묻어온 햇살과 바람을
살포시 조금 남기고 갑니다

논둑길 돌아서가는 귀어둔 할아버지
다 못들은 아쉬움이
지나던 아이들 잠깐 다녀간 자리에
환한 생그러움이

시골작은약국 안은 온종일 문이 여닫치며
제 사는 냄새들을 조금 조금씩

남겨 두고 갑니다

불

한여름에
무궁화꽃 같은
봄날 꽃내음새 섞이운
봄밤 같은
곱게 일렁이는 마음이
하루빛을 거두어들이는
저녁나절이 되어
조금씩 어두워지고
잦아들어 방문을 닫듯
마음문이 닫힌다

피어오르던 무궁화꽃이 발아래 송이송이 떨어지고
어둑해진 길
꽃내도 사알짝 내려 앉아
다가서는 차가움
마주보고 선 나무들

그 안
깊숙이 들은
불
따뜻한

숨

병원에서 진료를 기다리며
의자에 앉아
눈을 감는다
지나치는 발걸음

말 말
조그맣게 들리는 얘기 소리
조금 떨어진 데 아이 우는
소리
약품 냄새
그 사이 섞이우는 가느단 음식 냄새
문 여닫고

잠깐
조용

사람이 지나간다
숨
 숨
숨
 소리

노란 종이배

어느 날 진도 앞
바다 깊은 맥박 속으로
들어간 사람들
천천이 낮게 흐르는
땅 위 휘돌아가는 아래
알 수 없는 그 길이 있어
물결소리 속에서
보내는 말
가슴을 치고
바다를 바라보며 휘어이
귀기울여 움켜쥔 주먹
멈추고 있는 시간, 떠돌고 있는 섬

늦여름이 지나는 날
광화문 광장을 젊은 여자 하나 지난다
노란 배를 머리에 이고
사람들이 가슴에 노란 세월호 배를
붙들어매고 간다
어떤 사람은 우리나라도 불끈 들어올려
머리에 이고 간다
더 깊은 데 빠질까 봐

로봇

누군가 사람이라는 로봇을 만들면서
나를 닮은 나 같은 복제인간을 만들었지
나를 만든, 내가 있는 이 세상은
비밀
내 부모도 홀로그램 같은 환영이었을까

사람 머리가 고장나기 시작한다
계획된 짜임새대로 가지 않고 변이가 일어
생명을 알아내려 하고
복제인간을 만들려 한다
바깥으로 발디디며
어그러진다
중력에서 벗어나
그만 다른 데로 날아가 버리는

흔적들이 찢겨져 나간다
불쏘시개가 되고
밟고 지나가 더러워진,
이야기가 쓰여진 종이 공책이 남는다

그들이 만든 사람 로봇
우리가 만든 복제인간처럼 되어

모두가 사라지는

이 세상에 끝없음이 있을까

어느 날 어버이 무덤 앞에 가서
나와 끊어진 시간을 본다
내게서 나간

숨결들이
바람에 숨어들어
숨쉬는 소리

들며 나며

연기 피워오르 듯
맴돌아

끝없는 시간이 떠돈다

오백나한

깨달은 자들이 두건을 쓰고
거적을 두르고 앉아
두 손을 마주해 눈을 감고
고개를 돌려 옆을 보기도
누구인가
옷 속에 손을 넣고 편안히 앉아
빙긋이 웃는

우리땅 거친돌로 쪼아 만든
우리네 얼굴
오래고 오랜 옛 사람
나한님들 되어

속 깊이 지긋이 담아온 님
나한님 마주해
고개를 조금 숙이고서
한 세월 보내고
같이들 앉아 살풋이 웃고

사월 봄빛 드는 날
오백나한

(창녕사지 오백나한, 국립중앙박물관전시를 보고)

열차집에서

열차집에 남편 친구들이 모여 앉아
막걸리잔을 기울인다
쓰고 달고 그런거 그냥 삼키고
아는 듯 짐짓 모르는 듯
세월의 무게를 중심에 두고
끝머리 지탱해 갈 무게 지긋이 누르며
세월 바람 안에 앉아 있다
잊어버려야 할 것
가슴 한가운데 박고
막걸리잔 기울인다
더는 허한 꿈 꾸지 않을 듯
부질없이 되어버린 일들에
깊게 패이는 얼굴에 웃음을
속은 무엇으로 꼭꼭 채우는지

입으로 술이 들어가고
전 한쪽이 들어간다
해질녘 자리에 같이들 하여
오늘 하루 술술 잘 넘긴다

속초바다

일없이 지나는 하루는
참 길다
바다 곁에 몰려든 해도
한껏 몸을 늘여
누웠다가, 슬쩍 몸을 일으키고

바다를 바라보고
낮잠을 잔다
방파제 위에 앉았던 볕들이
뒷걸음쳐
조금씩 더 푸래지는 바다
눈에
물 빛

아침 바닷길
집제비들이 빠르게 날아다닌다
일월성신 점집 아래로
메꽃이 내려와 피고
달방이라고 써 붙인 문을 지난다

얼만치 펼쳐진 모래벌에
몇 사람 서성이는데
구름이 끼어 흐릿한 하늘

바다는 웅얼대고

밥상

상 위에 오르는 것 살려고 먹는 것
하루 세 번 입으로 먹을 것이 오른다
풀 열매 물고기
땅엣 것 바다엣 것
그것들을 상에 올려 조금씩 먹고
물을 먹는다
먹는 것을 받쳐주는 상
어릴때는 어버이가 앞에 상을 놓아 주고
자라서는 내가 아이들 앞에 상을 놓아주고

상을 차려 누구 앞에 놔주는 일은
먹을 걸 내어주는 일은 그 사람을 살리는 일이다
밥집에서 밥상을 채려 주는 일
손님 앞에 밥과 몇가지 찬을 올리는 일
같이 사는 일이다
상에 밥이 오른다 밥상이 된다
상에 오르는 것을 하나씩 몸이 먹는다

오늘 유월 아무날 낮밥상 위에
밥이랑 포근포근한 하지감자가 오르고
하얗고 매끈한 양파조각이 올랐다

코스타리카 커피 맛

작은 딸이 갖고 온 커피알갱이를 갈아
더운물에 내리니 좋은 냄새가 난다
한모금 입에 머금어 목에 넘긴다
쓰다, 시다
움찔해지는 풋과일 신맛은 아니고
그렇다고 시큼털털한 맛도 아니고
몇 모금 더 마신다

쪼콜릿내 나는 커피냄새 아우르며
혀에 감싸든다
묵직하게 모인다

코스타리카 흙냄새
커피콩 먹은 짐승 똥냄새도 조금 담긴 듯
땅 위를 슬적이 스쳐 지나는 바람같은
부드러움이 아니고
깊고 심각한 맛

식어가는 커피에 새콤함이 더 오른다
잔 바닥에 조금 남은 커피물을 홀작 마신다

4
대부도, 해남에서

대부도 첫날

갯바람, 비행기 지나는 소리
섬 위로 내리쬐는 햇살
낯선 대부도섬
숨겨진 듯한 집들
마구 자란 풀들 곁에 여름나무
어렴풋이
언제 와 봤을까

긴 시화호 뚝길을 따라
꼭 만져질 듯한 파아란 바다를
눈에 들이고
불어드는 바람을 맞고

맘이 출렁인다
아주 조금씩
조금씩

중앙 다방

대부도 상동 이층 다방
열린 창문으로 바다 내음 실은
바람이 들어온다
어제 비내린 뒤라 물기 머금은
바람이다
탁자에 다방커피가 놓이고
아이들에게 엽서를 쓴다
남자들이 들어온다
또 다른 여자들도 들어온다
서로 익숙히 아는 듯 얘기를 나눈다
어항 속 붕어가 두 마리 없어졌다고
큰놈이 먹은게 아니냐고
어느 놈일까 하며 서로들 어항을 들여다본다
다방 구석 위에 올려진 TV에서는
남북 연결 철도 문제를 갖고 세 남자가 앉아 얘기하고

달달하고 부드런 커피가 조금 남아서
아쉽게 마시며 여기저기 놓인 그림, 큰 화초들을 둘러보는데
다방 아주머니는 엽서 쓰는 모습을 쳐다보며
웃고 지난다
이제는 마치 연극 무대같이 된 다방
낮때가 되자
다방 안쪽 어디서 밥을 하는지

밥내가 나고 한 여자가 찬거리를 들고 들어온다

누에머리섬 가는 길

탄도항에 오니 낮 4시가 넘어서는데
사람들이 제법 많이 나와서 들썩인다
물이 빠져서 좁다랗게 길이 드러나고
멀리 뵈는 작은 섬
작은 갈색 돌들이 뻘에 이리저리 박혀 있다
태풍 뒤에 나온 햇살이 너무 눈부시어
하늘을 바로 볼 수가 없다
좁다란 길 위로 바닷물이 곧 오를 듯이 출렁이고
물때가 걱정이 된다
한 남자가 한켠에 앉아 낚시를 하고 있다
"지금 물이 들어오는 건가요?"
"지금 빠지는거요"
조그만 섬 둘레를 쉬이 한바퀴 돌면서
바다를 보고 숨을 크게 몰아 쉬어 본다
가을꽃들이 고개를 내미는 새에
해당화가 몇 송이 피어 있다
물은 이제 죽 밀려 갯뻘이 넓게 드러나고
돌마다 붙은 따개비가 햇살에 반짝인다
서녘에 걸린 해는 좁다란 길 위로 쏟아지고
시월 기울어가는 끝머리
불어오는 바다 냄새를 맡는다

여름내 바라만 보던 누에섬 가는 길 위에

둑길 걷기

날이 날로 차지고 쓸쓸해져
밖에 나무들이 다 누렇다
축축이 내리는 가을비
바닥에 깔린 잎들 밟고 걸었으면
갈잎 내 맡고

낮 세시가 지나 선감 둑길로
포도밭에 마른 잎들이 버석이고
옆에 작은 논자리가 스산하다
한결 맑게진 길에
바닷물이 밀려나가 드러난 맨바닥
아득히 뻗고
뻘바닥에 기우는 햇살이 부드럽다

둑 아래 붉은 함초
말라버린 강아지풀
흔들리고
갯뻘 끝머리에 부는 찬바람
며칠이나 더 걸을 수 있을까

뒷두렁길 돌아나오는 길 옆
노란 산국이 진한 꽃 내 내고
캐다 만 고구마밭이 있다

쪽박섬 가는 길

메추리섬 쪽박섬 이름이 재미있어서
칠월 하루 여러 갈래로 난 길을 따라
찾아 나섰다
긴장술이라는 긴 갯길 곁으로
상당히 너른 갯바탕이 죽 이어간다
바닷물은 멀리 밀려나가 있다
어디 즈음에서
길 표지판을 보고 있는데
한 아저씨가 가까이 다가와
어디를 찾느냐고 묻는다
메추리섬이나 쪽박섬은 초등학교 옆길로 가야한다 하고
요즘에는 낚시를 해도 새끼밖에 없다고 얘기를 해 준다
손에 든 막걸리병을 흔들면서
자기는 다슬기를 잡으러 왔다고
이제 내일 달이 커지면 큰물 사리물이 소래로 든다고
소래 사람인지
긴 긴장술이길을 돌아 나온다
뻘에 붉은 함초가 많이 뵈고
대부도 아침볕이 뜨거워지기 시작 한다
오늘은 흘곶마을 고래부리포구까지 가 보았다

뤼드카페

길건너 벌판을 바라다본다
그 뒤에 야트막한 산
새가 난다
구름 떠가는 하늘 아래 검은 숲 위로
나무 끝, 흔들린다
그는 더운 차를 마시고
해는 나왔다 들어가고 4시가 다 되어 가는데
져가는 해가 잠시 따뜻이 비쳐든다
새 두 마리 부지런히 날아 사라지고

그는 이생진 선생님에게 엽서를 쓰면서
그림을 그리고 색칠을 한다
휴대폰을 들여다본다
하얀 백로 네 마리가 너울너울 그의 뒤로 날아간다
그 사이 들어온 사람들 말소리
커피 가는 소리, 커피 냄새
조금 더 앉았다가 일어선다
해질녘 바람이 세다

코스타리카 커피

어릴 때 우표 모으면서 처음 알게 된 나라
코스타리카
대부도 섬 바닷바람이 써늘한
언덕빼기에 있는 커피집 안
구석진 자리에 앉아 코스타리카 내린 커피를 마신다
커피 알갱이에서 배어나오는 신맛이
복잡한 맛
쪼콜릿맛 같은 게 오르고 단맛이 혀에 닿는다

유리로 된 작은 커피포트에 말간 커피를
반잔쯤 따라 천천히 마시고
휴대폰을 뒤적이면서
얘기도 하고 오가는 사람을
흘낏흘낏 쳐다도 보다가

식어가는
옅어지는 맛
먼 나라에서 온 커피나무 내음새가
찻잔 안에 조금 남아있다
나머지 한모금을 마저 마신다
어릴 때 처음 알았던 나라 커피를 마셨다

자월도

붉으스레한 달이 뜬다는
이름도 예쁜 자월도에 가려고
대부도 방아머리에서 배를 타고
먼 바다로

고운 모래 위로 지나간 여름 자욱들이 있다
잔 돌멩이 조개, 찰랑이는 물소리
가져온 엽서 몇장을 꺼내서
바다를 그리고 자월도 얘기를 쓴다

배시간이 아직 많이 남아 있다
선창가 언덕배기 조그만 정자에
먼저 온 여자들이 서넛 앉아 있어
섬들을 물어보니
"섬들은 다아 똑같아요" 시원스레 웃으며 말한다
배시간이 되어가는지 아래쪽에
사람들이 모여 서성인다

이 섬에는 놀래미며 우럭 소라 같은 것들이
많다고 한다

매향리 찾아간 날

궁평항쪽으로 간다 '이 맛이면 된다' 간판을 단 국수집이 보인다
서신면이라는 작은 면소재지길에
나지막한 집들 사이 옛날다방
여러 가게들
구름으로 덮인 아침
화성 긴 방조제 옆으로
바닷바람에
지난 어느 날을 품은 물내가 든다

마을 가까이 큰길 가
높다랗게 쌓아 놓은 포탄 더미에
발을 멈추고
무슨 말을 하려고 하나
마을 주민이 매향리 마을과 평화에 대해
얘기해준다
마을 어귀에 작은 교회는 따뜻해 보였다

돌아나오며 노루물길 매향웃말길
표지판을 지나고
언젠가 본 듯한 느티나무 슈퍼를 지난다

교회 어둔 돌담을 따라
동네로 드는 좁다란 길에는
어떤 일이 있었는지
이름도 예쁜 매향리, 고온리, 농섬
이 겨울 깊은 상채기를 바깥에 내어놓고
마른풀들 곁에

상동 D.SUM Caffe

대부도 상동 옛 중심 마을 가는 길
빈터에 동그마니 커피집이 생겼다
이 곳에서는 드물게 와인과 피자도 판다
하루, 아침 열시나 되어 들렸다
아침해가 다소 따갑게 비쳐 들어와
해를 등지고 앉아 커피를 마신다
창 밖으로 집 뒷터가 보이는데
바로 앞에 포도밭이 있고 더 멀리에 집이 몇 채
더 먼 길에 차가 다니고 그 뒤로 얕은 산들이 둘러 있다
철 지난 포도밭에 잎들이 말라 있고 땅에
마른 풀들이 부석하다
음악이 나온다
바깥에 들어앉은 가을을 보며
한시간 나마 한가히 앉아 있다
대여섯 사람 들어오고
바깥에 어슬렁거리는
개, 고양이
화덕에 따뜻한 불, 커피 냄새

나오는데 카페에 있는 여자가 아는 체 하며
웃고 인사 한다
밖에는 가을이 있고

농부 맘씨

대부도는 바닷길이 들쑥날쑥하게 드나는, 뻘이 너른 섬이다
포도밭이 많아 길 가다 보면 다 포도밭이고 그 뒤로는
너른 바다가 있다
포도철이 되었다
가까이 포도밭에서 할아버지 할머니가 일하신다
"한상자에 얼마예요?"
"우선 이것 먹어봐요 잘 익었나"
할아버지는 돌아보며, "많이 드려어 많이 드려" 그러신다
할머니는 포도가 잘 익었나 보라고 자꾸만 더 얹어 놓는다
"우리는 농사꾼이잖아, 더 드려" 할아버지 말씀
포도농사가 올해 잘되었냐 하니 잘 안되었다고,
이제 낼 모레 추석이니 끝물이라고.
할아버지가 아주 실한 포도 두 송이를 품에 안고 오신다
"나도 더 드려야지" 웃으면서 차 안에 넣어 주신다.
"더 먹고 싶으면 내일 또 와요"
길 가 작은 포도밭에서
한동안 잊은 정겨운 마음을 만났다

농부가 가진 맘씨만큼 차에는 포도가 그득했고
달큰한 냄새도 그득하였다.

이마도에서

길따라 갓꽃이 무더기무더기 피어있다
푸른 바다가 옆으로 밭언덕처럼 누워 하늘을 보고
여름으로 들려는 내음도 먼데서 언듯 다가서는 사월
이마도라는 작은섬에 여기 사람들처럼
여기 나무 풀들처럼 앉아서
바다를, 봄빛이 짙어지는 땅을
내려다본다

다른 꿈을 꾸어본다
여기서는 지구가 도는 소리를 들을 수 있을까
내가 어디에 서 있는지 알 수 있을까

낯선 길에 갓꽃이 노랗게 많이 피어 있다
우리나라 끄트머리 서쪽 끝에서 남으로 돌아서는
그 모퉁이에 있는 섬
가만히 귀기울여본다
무슨 소리가 들리지 않는지

비밀숲

유월볕 쪼이는 얕트막한 언덕
산 밑 벼랑에 하얀 등대
마을길 걸어 등대를 찾아 간다
길 옆 밭에 굵은 양파가 가지런히 널리고
갓길에 핀 붉은 칸나꽃이 다가올 여름을 보인다
섬 안으로 들어온 오목한 바다
갯강구들이 발밑에서 휙휙 지나는
커다란 바위돌을 타고 바닷길을 돈다
자그마한 등대 앞
등대처럼 서서
너른 바다와 먼 섬들을 바라다보고

좁게 난 산길을 따라가니
풀섶에 산나리꽃도 하나씩 뵈고
벼랑 쪽으로 분홍빛 작은 꽃들이 바다를 보며
여럿이 뫼있다
앞길을 알 수 없는 작은 숲 안으로 들어
자라난 풀들 사이 더듬으며
얘기책에 나오는 비밀숲으로 들어선 듯
비밀스런 길을, 모르는 길을 돌아
뒷 바다로 나왔다

소금밭

바다가 하얀 알갱이를 낸다
여름으로 가는 볕 아래
하얀 달큰한 소금을 낸다

바다는 땅 위에 것들도 품어서
잘게 부수어
도로 땅에 내려놓아 준다
바다 땅에는
풀이 자라고 조개, 물고기가 살고
사람이 그리는 용왕님도 사신다

바닷물이 땅에 올라와 날볕을 쬐며
몸을 말리면
파란 하늘이 들고, 구름이 지나고
몇날 며칠
조그만 알갱이 소금꽃이 핀다
짜디 짠 소금밭이 된다

하늘 아래 너른 바다가
바닷가 옆 땅에다
소금밭 농사도 짓는다

갈 수 없는 길

어쩐지 낯익은 저 사이에 난
좁다란 길 따라
굽어져가노라면
그 뒤
먼 기억 속 날들로 이어져가는
숨은 길이 나 있을 듯
그 어드메에

여름으로 가는 날
어떻게 들어섰는지 모르는
시간 틈새 어디쯤에서 바닷길을 걷다가
예전에 어떤이를 마주한다
그 길에 내가 있고
바닷물이 출렁이고
해초 냄새가 오른다

두 남자

어둠 속에 두 남자가 모깃불을 피우고 앉아있다
안개 낀 바닷가 집 앞에
어둠과 안개 축축함
뵈지 않게 나는 모기와 어둔 하늘
풀더미 얹은 둥근 통 속 불꽃
피어나가는 연기
어둠에 잠기는 얼굴
잠기는 생각
하루를 내려놓는 안도
감추인 속내를 안고
나란히 앉은 두 남자
더 할 말이 있을 것 같이
남은 밤
모깃불 퍼져나가는 뿌연 연기 앞에

먼 바다

세월호가 지나간 바다
물은 들며나며 작은 조가비 돌막이들을
물에 버려진 것들을 쉴새없이 뱉어내며
소리를 내고
삼년만에 건져올려져 누운 상처투성이 세월호는
많은 이야기를 안고서 속으로 밤새 웅얼댄다
어둔 물속의 것들을 뱉어내려고

뙤약볕 비치는 땅 위에
그들을 살며시 내려놓을 것인가
얼들이 날아 날아 우리가 받아 숨쉬게 될 것을

먼 바다가 전해주는 말

들에 보리밭같이 꽉 찬다

녹차

미리 끓여논 따뜻한 물을
잎 위로 천천히 살며시 붓는다
잎들이 움직이면서
조금씩 펴지고 엷은 잎색을 낸다
찻사발을 가만히 들어 가까이
냄새를 맡는다
마른 잎파리 냄새
찻물을 살살 돌린다
작은 잎들이 퍼지고
푸른 녹차밭이, 잎에 쪼인 햇볕이
들어온다
차잎을 후후 불면서
한모금 마신다 따뜻한 목추김
입 안에 들어온 잎파리 하나
구수한 맛이 섞인다
찻사발을 기울여
잎이 제 것을 우려내는 맛을
그 냄새를 맡는다

잎물이 든
찻사발 밑으로
차잎이 가라앉는다

아득한 날

보리밭과 밀밭이 노랗게 뻗어가고
양파밭 위에 양파들이 늘어서고
해가 짱짱한 유월 낮 조용한 길
까만 봉다리에 뻘낙지 몇 마리를 담아서
친구를 찾아와
서둘러 도마에 낙지를 놓고 사정없이 탕탕 치고
배추랑 버섯을 넣어 맑은 연포탕도 끓이고
하여 한 상을 차려
소주랑 막걸리도 내어 한잔씩들 하면서
우수영 세 친구는 기분좋게 웃고 떠들고
그 상 위로
어릴적 기억들이 떠들썩하니
새새 세상 도는 얘기, 흐뭇한 마음들 오고 간다

바닷가 바위돌 위에서 무심히 듣는
밀려드는 파도소리
짠 해초내음
아득히 잊혀진 일들
귓등을 스쳐지난다

이마도 오우가, 水石松竹月

이마도땅에 부딪는 물결이
찰박찰박
흘러가고 흘러오고
달 손 안으로 들고 나고

바다는 둥글어지고 납닥해진
조그마한 돌들을 땅 위에 올리고
사그락 사그락대며
갯바위 위에도 부어 놓는다

갯바위 뒤에 소나무
하늘을 바라고 성긴 잎사이
바람 들이고 나는 새들을 들여

집 뒤켠 대나무숲 스슥 스스슥
제 가슴을 쓰는 소리
바람에 기울여 눕는다

밤이슬에 노란 달
몰래 걷듯
숨죽인 대나무숲 솔숲 살살 지나
갯바위에 달빛을 펴고
홀로 파도소리 듣는다

가슴에 옛정이

바닷물이 흘러가고 흘러들어온다
물 속에 조개, 바다풀
떠내려온 나무조각
땅 위로 털어낸다
갯바위에 앉아 술을 마시고
가슴에 깊이 가라앉은 것들이 젖는다
바람이 불고
비가 내려 비를 맞고
어느 저녁녘에 바다안개가 올라와
가슴에 꽉 들이차고
날들이 지난다
파도소리 가만가만 귀에 들어온다

푸른 마늘밭, 보리밭을 내어다보며
갓꽃 냄새가 도는 바닷길을
걷는다
맑게 개인, 노란 새벽달이 갸웃이 뜬
이쁜 아침이다

미황사 법당

활짝 열어논 법당
문 안으로
불어드는
어느 메에서 오는 바람인가

가만히 앉으니 멀리
어느 날 신라 바람이 들어와
바람에 실리우는

두 보살님 들어서
부처님께 절하니
엎드린 보살님 두 손 쓸고서
법당 안 감돌아 나간다

매화 내음이
슬며시
문턱을 넘어서고

절을 올립니다

절을 올립니다
세 분 부처님께 절을 올립니다
절집 뒤에 앉아 오래도록 지켜보는 달마산에게
달마산 위로 둥굴게 환하니 오르는 달님에게
절을 올립니다
어둔 새벽 예불 자리로 가만가만 오르는 작은 풀벌레 소리
귀에 담으며
달님을 그립니다
달마산을 오릅니다
부처님 앞에 곧추 앉은 사람들
부처를 만지고 달마산 오르고
스님 염불소리가 부처님 귀에 들고
달을 좇아 오릅니다
절간 마당을 돕니다
가만가만 염불 소리 들리고 어둠속 풀들 아래에
벌레들이 숨어 울고 절방 뒤에 우뚝 솟은 달마산은 어둠을 품고
둥그런 보름달이 같이 마당을 지납니다
아주 느린 걸음으로
이 날 밤이 이렇게 갑니다
다 가는 길이 있어서 밤으로 달밤으로 그 길을 떠납니다
부처 앞에 앉아 부처같은 모습으로
내 티끌 털어내고
숨 크게 들이 쉬고

눈물 몇방울 떨굽니다

동백숲

아직 해가 떠오르지 않은 이른 아침
백련사 절마당 아래에 어두운 숲이
있습니다 들어서기가 좀 두려웠지만
가만가만 들어선 그 길에 새가 울고
빠알간 꽃들이 나무들 높이 붙어있고
땅에도 무수히 떨어져 밟고 지나갑니다
이 세상 꽃들이 아닌 것 같습니다
송이째 떨어져 누운 빨간 꽃들
어둔 숲길 사이 조금씩 비쳐드는 햇살에
어쩌면 어여뻐 보이기도 하고
어쩌면 한스럽게 서글퍼 보여
말없이 떨어진 꽃들이 왠지 무섭기도 합니다
숲길 아래에 일찍 찾아온 휘파람새가 울고
어디서 개울물 흐르는 소리가 납니다
동백숲 속에서는 어떤 일이 있었던 듯도 하고
그 숲길을 지날 때 가슴에 모르게
몇 잎 동백꽃이 떨어졌습니다
빠알간 멍이 들지 않을까요

다산 길

다산길을 찾아 갔습니다
백련사에서 차 드시고
돌아간 길
지금 이백오십여년 뒤 스님이
그 발자욱 찾아 걷고
그 길따라 사람들 다산 찾아
길 더듬어
동백숲 지나고 대숲 지나고
차잎들 사이
시절따라 넘어오는 먼 얘기가
드믄드믄 들려옵니다

나른한 낮 걸어 땀 식히며
천일각에 앉은 자리
진달래꽃 따사한 햇살아래 좋기도 하고
강진만 배 띄운 얘기
졸음 속에

차향이 도는 낮입니다
다산이 머문 초당 곁에
바람이 세월을 거슬러 오르고
 길섶에 핀 난초꽃이
발길에 채이는 산길입니다

여름 레시피

우수영 오일장에서 산 굴을 가만히
흔들어 씻어 그릇에 담는다
유월에 굴이라니 아주 잔 굴이다
콩알만치
쩍도 거의 없이 잘 손질되어 있었다
한 양푼 앞에 두고 파느라 이 잔 굴들을
일일이 다 캐내었겠네
이 굴들은 요만치 자라느라고
오가는 바닷물 맞으며 좋은날
지났을텐데
이제 내 손 안에 들어와 손님상에
올릴 참이다
마늘 조금 넣고 파와 생강 그리고 참기름 좀 치고
달걀 두 개 풀어 섞는다
알이 너무 작아 대여섯알을 모두어 부친다
귀한 굴전이 되어 한접시 가득
상에 오른다
굴하고 같이 먹을 배추속이랑 햇양파
쌈장이랑 같이 놓는다
맑은 미역국에 고추장아찌 갓김치
묵은 김치 한보시기
새송이 버섯도 길게 전을 부쳐서
굴전 곁으로 놓는다

초여름 낮 밥상을 차린다
알찐 밥상이다

목포에서 하루

목포역 건너 오거리 골목에 옛 정미소 자리
수협건물 이층 오래도록 비어둔
긴 세월이 지나간 방
작가들이 묵그림으로 채워가고

낮 때 오거리식당
인심이 후한 주인이 새우장까지 내온 낮끼를
떠들썩하니 같이들 먹고
옛 건물 안, 계단을 올라
오래 닫혀있던 방에 놓인 먹그림들을
조심스레 둘러본다
길 따라 내려가서 역시 먹그림 그리는
수다방이 있고 그 아래아래
다음번에는 같이 가자하는
잘한다는 홍어집도 있어서 가을에 열릴 전시로
활기를 띠고 있다
날이 저물어가고

목포역으로 걸어 들어서는데
역 앞마당 한켠에 긴 펼침막이
늦여름 바람 맞으며 펄럭이고 있다

'노회찬 의원의 마지막 길에 함께해 주셔서
 감사합니다'

역에 들어서다 불쑥 만난 사람
햇살은 따갑고 매미는 울고
역 안에 들어서 기차를 기다린다
바깥에는 아직, 그의 마지막 길이
너른 마당 한켠에서 기우는 해를 받고 있다

고도리 장날

오작교라는 개천 다리 옆으로 차들이 세워져있다
낮은 집들과 찻길따라 여러 가게들
그 앞으로 오일장이 죽 섰다
유월에 캐는 감자 양파 마늘들을 소복이 쌓아놓고
철이른 과일 생선 바닷것들이 놓이고
장바닥에 앉은 한 아줌마는 어떤 이에게
벌써 다 팔고 가느냐고 웃으며 장난을 친다
지나는 길 중간중간 국밥냄새도 나는데 낮때는 지났고
뜨거운 볕은 내리쬐어 어데 시원한 찻집을 찾는다
이불장사 트럭이 지나다니며 시원한 이불을 싸게 판다고
녹음기가 계속 돌고 있다
더운 낮이어서 그런지 길에 사람이 없다
좀 더 걸어 내려가다 이층 찻집이 있어 오르니
찻상 옆따라 책들이 꼽아져있고 중간중간 그릇들이
놓여있다 젊은 여주인이 만든 것이라 하고
주인은 우리와 등지고 앉아 바느질을 하고 있다
구석 자리에 어린 학생들이 속닥거리고 옆 스피커에서는
그리 거슬리지 않은 피아노곡이 계속 나오고 있다
유월 둘째 일요일 읍장날 고도리에서, 한 낮은 그리 지나가고 있다

시인의 말

오랜 시간 가며 들려오는 말 잊혀질까
모두어 글로 적습니다
좁은 틈 사이 들어오는, 바람에
속닥이듯 들리는 어떤 말
때로 가만가만 어깨를 두드리며 일러주는 말

오랜 시간 마음 안에 굳어온 말들을
이 여름, 헤아립니다